AF264185

CE QU'IL NOUS FAUT

LETTRE AUX PAYSANS

PAR UN DE LEURS FRÈRES

EN VENTE CHEZ

J. LEFORT, rue Ch. de Muyssart, à LILLE, et 30, rue des Saints-Pères, à PARIS.

L. QUARRÉ, Grande Place, à LILLE.

E. BRADIER, à ARRAS. — GIARD, à VALENCIENNES.

et chez les principaux libraires.

I

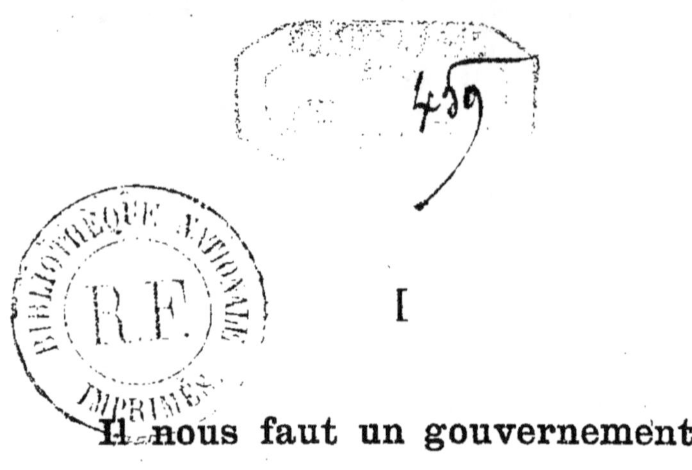

Il nous faut un gouvernement.

Voilà un an que la France est sans constitution.

Depuis le 4 septembre 1870 jusqu'au 12 février 1871, elle n'eut qu'un gouvernement *de fait*, qui s'était établi lui-même. Depuis la réunion de l'Assemblée élue le 8 février, nous avons un gouvernement *de droit;* mais ce gouvernement est provisoire.

Le régime provisoire convenait jusqu'à la conclusion de la paix. La paix était urgente en février dernier. Il n'était pas possible de s'occuper d'autre chose. On ne s'occupa donc point de la forme du gouvernement définitif. On convint de réserver la question. L'Assemblée nationale constituante confia le pouvoir exécutif à M. Thiers, et il fut bien entendu que l'on ne ferait rien en faveur de la république ou de la monarchie, tant que la paix ne serait pas conclue. Mais chacun croyait bien qu'après la signature du traité on nous donnerait, avant toutes choses, un gouvernement.

L'insurrection de Paris au 18 mars, l'établissement de la commune et le règne de la terreur, motivèrent la prolongation du régime provisoire.

Aujourd'hui que la paix est signée et l'insurrection domptée, pourquoi perpétuerait-on ce régime?

On s'est moqué de l'Espagne, qui, après la chûte d'Isabelle, a passé deux ans à chercher un roi de circonstance. L'Espagne, du moins, s'était déclarée monarchie. Voudrions-nous devenir, comme elle, la risée de l'Europe? sera-t-il dit que la France est incapable de savoir ce qu'elle veut et *ce qu'il lui faut?*

Maintenir indéfiniment le régime provisoire, c'est ajourner les difficultés, les aggraver plutôt que les diminuer; c'est tenir les esprits dans l'incertitude; c'est entraver le commerce et les transactions. On aime à être sûr du lendemain.

Maintenir le gouvernement actuel un an, deux ans, c'est en quelque sorte préjuger la solution. Ce gouvernement a le tort de n'être pas anonyme. De quel droit porte-t-il le nom de république?

Ah! si le parti républicain, qui conteste à l'Assemblée nationale ses prérogatives de constituante, si ce parti avait eu la majorité aux élections du 8 février, on l'eut vu, comme le 4 mai 1848, proclamer la république dès le premier jour. Naguère encore, les républicains sommaient l'Assemblée d'établir cette forme de gouvernement. Si l'Assemblée est souveraine, si on lui reconnaît le droit de nous constituer en république, on doit lui reconnaître par la même raison le droit de rétablir la monarchie. Mais les républicains sont en minorité dans l'Assemblée, et voyant qu'ils ne peuvent amener nos représentants à leur système, ils s'efforcent de diminuer leur autorité. Jamais, pourtant, élection n'a été plus libre que celle du 8 février 1871. Les électeurs ont négligé ceux qui les avaient précipités dans le gouffre; ils ont énergiquement repoussé les despotes révolutionnaires qui avaient en main le pouvoir, et ils ont invoqué partout l'appui des soutiens naturels de l'ordre social et de la vraie liberté.

Nous comptons bien que l'Assemblée nationale, qui représente si honorablement la France à l'heure qu'il est, aura à cœur de nous donner le plus promptement possible un gouvernement définitif. L'opinion publique le réclame et les intérêts l'exigent [1].

En tout cas, un peu plus tôt, un peu plus tard, il faut que la question soit résolue.

Quel sera ce gouvernement? sera-ce la république? sera-ce la monarchie?

---

[1] Nous croyons que l'Assemblée a eu tort, la paix étant signée, de ne point nous donner un gouvernement définitif. C'était le vœu et l'attente de tout le monde. Plus elle diffère, plus elle s'affaiblit et perd du terrain. Elle a mutilé, pour plaire à M. Thiers, les lois réparatrices qu'elle se proposait de voter. Tandis que M. Thiers ne devait être que l'exécuteur de ses résolutions, elle s'est vue forcée, par amour de la paix, de se mettre, pour ainsi dire, à ses ordres. M. Thiers, nommé par la droite, favorise le parti républicain, dirige les élections dans le sens républicain, et obtient l'appui de la gauche. Il vient enfin de se faire nommer Président de la république. Espérons qu'il s'inspirera désormais des sentiments de la majorité; espérons aussi que la majorité ne se déjugera pas, et repoussera par la question préalable les pétitions qui provoqueraient sa dissolution. Si elle se retirait sans avoir rien établi de définitif, elle manquerait à son mandat et trahirait les intérêts les plus sacrés du pays.

II

Nous faut-il la République?

Toutes les formes de gouvernement sont bonnes en elles-mêmes. C'est affaire de *mœurs*, d'*histoire* et de *pays*.

Il y a des théoriciens qui prétendent que la république est supérieure au suffrage universel et qu'une infime minorité serait en droit de l'imposer à toute une nation. Il en est d'autres qui ne voient de légitime que l'autorité royale absolue, ou qui font de la famille le type nécessaire du gouvernement politique. D'autres, enfin, ne sont pas exclusifs à ce point; ils reconnaissent la légitimité des diverses formes de gouvernement; mais ils prétendent que telle forme est, en soi, préférable à telle autre, en ce qu'elle concilie mieux les intérêts divers mais également sacrés de l'ordre et de la liberté. Ce sont tous systèmes contestables qui ont le tort de négliger le côté pratique des choses.

On a raison d'admirer les républiques américaines et la confédération helvétique, encore que tout n'y soit pas à envier; mais nous ne sommes ni en Suisse ni aux Etats-Unis.

La république ne nous convient pas. On ne saurait comparer la France à la Suisse; la géographie s'y oppose. Quelle différence de territoire et de population !

Notre caractère national et notre histoire interdisent également tout parallèle entre la France et l'Union américaine.

Dans une république vraiment libre (car il y a des oligarchies plus tyranniques que le césarisme le plus absolu), chaque citoyen doit s'occuper chaque jour des affaires publiques, descendre fréquemment dans l'arène électorale. Cela a sans doute son beau côté; mais cela exige un caractère sérieux jusqu'au flegme, et raisonneur jusqu'à proscrire l'enthousiasme. Nous avons d'autres qualités, mais nous n'avons pas celles-là.

Le système républicain exige le renouvellement périodique et fréquent des chefs du gouvernement. En France, ce serait, chaque fois, un malaise général. Six mois avant l'élection les affaires seraient suspendues, la richesse publique ne tarderait pas à décroître.

Les faits confirment notre manière d'apprécier le caractère français. La république pourrait séduire si elle apparaissait chez nous pour la première fois. Nous la connaissons, nous l'avons vue à l'œuvre, et son nom seul nous effraie. En 1793, la France est couverte de sang : le meilleur des rois, Louis XVI, meurt sur l'échafaud, assassiné légalement par le pouvoir constitué. En 1848, le sang coule dans les rues de la capitale; plusieurs de nos braves généraux et l'archevêque de Paris sont frappés mortellement. En 1871, la propriété particulière, les monuments publics sont livrés aux flammes, les plus nobles victimes sont immolées à l'idée républicaine que Versailles est accusée de trahir.

Sans doute, ces excès ne sont pas imputables à la forme républicaine considérée en elle-même; mais ils prouvent que la république est impossible en France. La France n'est pas républicaine. Les républicains honnêtes y sont en si petit nombre qu'on ne les aperçoit guère. Pour peu qu'ils aient de patriotisme, ils se rangeront dans le grand parti national plutôt que de paraître accepter la moindre solidarité avec les faillis, les repris de justice, les athées, les assassins et les incendiaires qui composent les gros bataillons du parti républicain. On l'a dit avec raison : tous les républicains ne sont pas de la canaille; mais toute la canaille est du parti républicain. Les honnêtes gens que l'idée républicaine a séduits doivent voir qu'ils ont caressé une utopie et se séparer franchement du parti.

Non, encore une fois, la république ne s'accorde pas avec nos mœurs.

Elle n'est pas moins en contradiction avec nos quatorze siècles d'histoire.

L'Amérique est aussi un peuple nouveau. *Le royaume de France* date de Clovis.

Nous sommes si accoutumés de vivre en monarchie, qu'après quelques jours de république, en septembre 1870, chacun se demandait dans nos campagnes : « Quel roi aurons-nous après la guerre? » Et l'on ajoutait : « Il serait bien bon d'en avoir un tout de suite pour conduire les affaires. »

Avons-nous jamais été en république? En quoi Louis Bonaparte, du 20 décembre 1848 au 2 décembre 1851, différait-il d'un roi constitutionnel? Le premier Consul, le général Cavaignac, Louis Bonaparte en 1852, M. Gambetta, n'étaient-ils pas de vrais potentats, aussi absolus que Louis XIV [1]? L'opposition elle-même, je dis la plus avancée, la plus républicaine, est-ce qu'elle ne se personnifie

[1] M. Thiers n'est pas moins autocrate depuis quelque temps.

pas toujours en un homme? Or, si cette tendance s'explique par notre passé et le génie de notre histoire, elle ne laisse pas d'être absolument contraire à l'idée républicaine qui fait peu de cas des individualités et ne compte que sur les institutions.

La république serait possible en France, a-t-il été dit, si les républicains étaient tenus à l'écart et que les affaires fussent aux mains des hommes de la monarchie.

Je ne crois pas que ceci soit vrai d'une manière absolue. Cette union dont on parle aura lieu quelques mois, transitoirement, dans une crise; mais elle ne saurait durer. Nous passons trop vite de l'enthousiasme au dénigrement, et d'une confiance téméraire à une terreur exagérée.

En tous cas, ne serait-ce pas folie d'exiger que les partisans de la monarchie renoncent au gouvernement qu'ils croient le meilleur et perpétuent une république impossible pour plaire à quelques idéologues?

Ce qu'il nous faut, ce n'est pas la république.

III

Faut-il revenir à l'Empire?

Voilà une question à laquelle nous ne répondrions pas, si elle nous était adressée par un homme du monde quelque peu instruit. Pour un honnête homme, il n'y a qu'une monarchie qui soit acceptable : la royauté de France. Ou la république, ou Henri V; il n'y a pas de milieu.

Il paraît, cependant, que l'on trouve encore dans nos campagnes, des hommes qui regrettent Napoléon et voudraient le voir remonter sur le trône. Assurément, les maisons dont sa politique de corruption faisait la fortune, les cabarets, les guinguettes et autres maisons de plaisir, ont leurs motifs pour lui rester fidèles; mais que des pères de famille, que des fermiers honnêtes, que des chrétiens qui vont à la messe et font leurs pâques, désirent le retour de Bonaparte et osent le dire, cela est étrange, cela est incroyable, cela surpasse toute imagination. Et cependant il en est ainsi.

Cela prouve une fois de plus à quel point le bonapartisme a perverti le sens moral de la nation.

Le malheur consacre les victimes qu'il a touchées. Loin de nous donc le vocabulaire injurieux des pamphlétaires; nous laissons à M. Gambetta le soin de mettre à découvert la vie privée de l'ex-empereur et de nous faire connaître le nom de ses maîtresses. Nous voudrions même ne point parler de sa politique, que l'histoire a le temps de juger. Mais, dès lors que le bonapartisme n'a pas la pudeur de se renfermer lui-même dans le silence, dès lors qu'il maintient ses prétentions et qu'il continue de tromper une foule de braves gens, il devient un péril social, un ennemi public, contre lequel il importe de se mettre en garde.

Nous sommes lancés à l'aventure et malgré nous dans une guerre épouvantable; nous sommes vaincus, poursuivis chez nous, écrasés comme jamais cela ne s'est vu dans le cours de notre histoire ; notre territoire est pitoyablement démembré; par dessus tout cela, nous avons huit milliards à payer, Gambetta à subir, l'incendie de Paris à contempler. Tout cela est la conséquence de la fatale entreprise du mois de juillet 1870. Tout cela nous vient de l'Empire..., et nous subirions encore le joug d'un Bonaparte! Non, mille fois non. Ce serait le comble de nos désastres; ce serait la honte ajoutée à tous nos malheurs. Jusqu'à ce jour, l'univers peut nous témoigner encore de la pitié. Si nous rappelions l'auteur de tous nos maux, nous ne mériterions que le mépris.

Mais, me dira-t-on, la guerre contre la Prusse était nécessaire; elle devait avoir lieu un jour ou l'autre. — Oui, cela est vrai; mais à qui la faute ? A Napoléon.

Braves gens qui me lisez, interrogez ceux de vos amis qui connaissent un peu les faits, et demandez-leur si je ne suis pas dans l'exacte vérité.

C'est à la politique de Napoléon que la Prusse doit toute sa force. Sans Napoléon, non-seulement elle ne nous aurait point battus, mais jamais elle n'aurait osé se mesurer avec nous.

C'est surtout en 1859 (on pourrait remonter plus haut) que l'Empire a commencé à travailler pour le roi de Prusse. Vous vous rappelez qu'en 1859 nous sommes allés faire la guerre en Italie. Les plus mauvaises actions s'excusent toujours par quelque prétexte. Les voleurs travaillent à nourrir leur famille. La guerre d'Italie avait un côté spécieux, une apparence de raison. Nous allions chasser l'Allemand, affranchir la péninsule de la domination étrangère. Certes, je ne blâme point Milan, Venise et les autres villes italiennes d'avoir voulu se soustraire à la domination de l'Autriche; mais étions-nous obligés de les y aider, si notre intérêt nous conseillait le contraire? En réalité, la guerre d'Italie devait nous être doublement fatale, elle était doublement impolitique. Elle allait ébranler le pouvoir du Saint-Siége, amener son renversement, et par suite troubler le monde catholique, blesser tout ce qu'il y a en France d'âmes chrétiennes, et provoquer contre nous la colère du Ciel. En ce sens, c'était une guerre impie, qui nous déshonorait devant l'Europe en nous faisant renoncer à nos traditions; c'était aussi une guerre anti-nationale. Du même coup nous abaissions l'Autriche, notre alliée naturelle, et nous formions, contre tous nos intérêts, un vaste royaume d'Italie au lieu et place des sept petits Etats qui se partageaient la presqu'île. Je comprends que l'on ait enlevé la Lombardie à l'Autriche; mais pourquoi ne pas en faire un royaume indépendant? pourquoi la donner au roi de Piémont, le moins italien des princes d'Italie? Quel besoin de renverser ou de laisser renverser le Pape, le roi de Naples, les princes souverains de Parme, de Modène, de Florence? Nos vieux rois protégeaient les petits Etats. Napoléon a aidé à les faire disparaître. Il est certain que, sans nos victoires de Magenta et de Solferino, Victor-Emmanuel ne serait pas maître de toute l'Italie, les princes italiens seraient encore sur leur trône; Pie IX ne serait pas prisonnier au Vatican. Il n'est pas nécessaire d'être catholique pour condamner les idées de Napoléon; nos hommes d'Etat, même les voltairiens et les protestants, ont été sous ce rapport du même avis que nos évêques. Naguère, les premiers ministres de l'Empire nous juraient que le concours de l'Italie nous était acquis, que nous pouvions compter sur son éternelle reconnaissance. Est-ce que Victor-Emmanuel nous a envoyé ses soldats? On sait bien que non. Au contraire, les journaux italiens ne cachaient pas leurs vœux pour le succès de la Prusse. Nous nous sommes donc déshonorés gratuitement et sans profit. Ne parlons pas de Nice ni de la Savoie. Nous aurions pu les recevoir en échange de Milan et de Venise; si elles sont le prix de l'unité italienne, nous les payons trop cher.

Cette guerre de 1859, anti-française et anti-catholique au premier chef, est-ce la France qui l'a voulue? Non; rien ne paraissait menacer la paix de l'Europe, personne ne songeait à la guerre, quand Napoléon, à la réception des diplomates le 1er janvier, a dit à l'ambassadeur d'Autriche un mot qui nous a frappés de stupeur. Pour le justifier d'avoir voulu cette guerre, on dit qu'il avait la main forcée par les sociétés secrètes qui le menaçaient du poignard s'il ne secondait pas leurs sinistres projets contre l'Eglise. Il aurait fait la guerre à l'Autriche, consenti au renversement du Pape et des princes légitimes, pour obéir à la révolution et n'être point assassiné. Est-ce notre faute, à nous, s'il s'est affilié dès l'enfance à ces sociétés ténébreuses? En tout cas, mieux valait s'en séparer, rompre avec elles, prendre contre elles quelques précautions..., et compter un peu sur la Providence.

Quelques années après, Napoléon envoie une armée au-delà de l'Océan. Peut-être avions-nous quelques raisons de nous plaindre du gouvernement mexicain; mais l'Angleterre et l'Espagne étaient dans le même cas. Pourquoi avons-nous déclaré la guerre au Mexique? Est-ce pour une pitoyable affaire d'argent; est-ce pour grossir la bourse de quelques familiers des Tuileries; serait-ce pour donner un dédommagement à l'Autriche, pour offrir une couronne à l'archiduc Maximilien? Quoiqu'il en soit, nos meilleurs soldats traversèrent les mers. Ceux qui ne moururent pas de la fièvre jaune remportèrent quelques succès; la république mexicaine fut renversée; Maximilien fut proclamé empereur; puis, les mexicains reprenant chaque province à mesure que nous la quittions, comme on ne pouvait éterniser la guerre, notre armée nous revint, décimée et humiliée, abandonnant le malheureux Maximilien, qui ne devait pas tarder à être arrêté, jugé et fusillé.

Magnifique expédition, n'est-il pas vrai? Et quel grand service nous avons rendu à l'Autriche!

Mais ce n'est que le commencement des fautes de Napoléon. En 1866, la Prusse déclare la guerre à l'Autriche. Le rôle de la France est tout tracé. L'Autriche est notre alliée naturelle. Par sa position géographique, elle ne peut nous porter ombrage, tandis que le voisinage de la Prusse nous est une menace continuelle. Nous devons à l'Autriche, sinon notre concours matériel, du moins notre appui moral. Tel était, en 1866, le jugement de l'opinion publique en France; les républicains seuls tenaient pour la Prusse. Sans doute, l'expédition du Mexique ne nous permettait pas de disposer de nos forces; nous étions mal préparés à faire la guerre; mais nous pouvions néanmoins envoyer une armée d'observation sur nos frontières de l'Est. Cette démonstration aurait fait réfléchir M. de Bismark. La Prusse n'aurait pas osé se jeter sur le cœur de l'Autriche, si elle nous avait vus prêts à intervenir.

Que fit Napoléon?

Il se frotta les mains. Les deux grandes puissances allemandes vont se heurter, se diminuer : tout profit pour la France, pensa-t-il. Au lieu d'empêcher l'incendie, il attisa le feu. Bientôt il fit publiquement des vœux en faveur de la Prusse ! il trouva bon que les petits Etats perdissent leur indépendance, et fussent annexés aux Etats du roi Guillaume. Il permit au roi d'Italie d'attaquer l'Autriche au midi tandis que les armées prussiennes l'envahissaient au nord. L'Autriche fut écrasée à Sadowa et implora la paix. Contre Victor-Emmanuel elle avait été victorieuse ; cependant on exigea qu'elle lui abandonnât Venise !

Napoléon fut surpris de ce dénouement soudain. Il comptait intervenir, choisir son heure, peut-être donner un coup de collier à la Prusse et obtenir quelque cession de territoire. Ses calculs peu honnêtes furent trompés. On sait que l'on nous a même refusé la rectification de frontières demandée, tout, jusqu'au coin de terre qui s'appelle le duché de Luxembourg. La Prusse se jouait de nous. C'était bien la peine de lui avoir sacrifié notre honneur et d'avoir favorisé pour elle la révolution italienne !

Voilà donc la Prusse, par suite de notre mauvaise politique, maîtresse absolue de l'Allemagne. Désormais il serait inutile à nous de prétendre limiter ses prétentions. Sa grandeur est notre œuvre ; cependant, nous ne pouvons point compter sur sa reconnaissance, car elle sait bien qu'une ambition secrète, qu'une convoitise coupable ont seules fait pencher l'empire de son côté.

Napoléon comprit bientôt quelle faute énorme il avait commise au point de vue politique pour n'avoir point suivi la voie que la raison et l'honneur lui conseillaient. Depuis 1866, tout le monde a senti, comme l'empereur, qu'il faudrait un jour réparer cette longue série d'erreurs et faire enfin la guerre à la Prusse. Mais la puissance de la Prusse était doublée, et l'ivresse du succès la rendait capable de tout oser.

Que fallait-il faire en cette extrémité ? il fallait imiter la Prusse, c'est-à-dire se préparer à la guerre en fortifiant l'armée, en augmentant ses cadres, en l'exerçant, en se créant des alliances ; puis, il fallait savoir attendre. Car il est évident que la Prusse, enorgueillie de ses triomphes, nous aurait prochainement cherché querelle, et il était bon pour la France de mettre le droit de notre côté. Si nous n'avions fait la guerre que pour nous défendre, l'Europe n'aurait pas été contre nous. A tout prix il fallait éviter de faire la guerre sans être prêts, sans y être forcés. « Déjà vous avez commis trop de fautes, disait M. Thiers aux ministres de Bonaparte ; vous n'avez plus le droit d'en commettre une seule. Si vous en commettez encore une, le vase débordera, ce sera la ruine. »

L'année dernière, un incident se présenta qui avait lieu de nous mécontenter. Un prince prussien était appelé à occuper le trône d'Espagne. Ah! si nous n'avions pas tant de fois humilié l'Autriche, si nous avions pu compter sur la reconnaissance de l'Italie, si notre armée avait été prête, si nous avions eu de l'artillerie, des munitions et le reste, oui, le prétexte était bon; nous avions une occasion de faire la guerre.

Mais nous n'étions prêts ni politiquement ni militairement. L'Autriche fit savoir au gouvernement de l'Empereur qu'elle ne lui gardait pas rancune, mais qu'elle n'était pas en mesure de lui venir en aide. Nous n'avions pas d'argent. Notre armée n'avait même pas l'effectif qu'elle doit avoir sur le pied de paix. Si Napoléon ne savait pas cela, il n'était pas digne de régner; mais il le savait. M. Thiers, inspiré par son patriotisme, lui fit dire que ses ministres se trompaient et le trompaient, qu'il s'abandonnait à des illusions dangereuses. Rien n'y fit. Si nous ne savions que Dieu aveugle ceux qu'il veut perdre, et s'il n'était évident que l'empire avait épuisé la mesure de la folie et de l'iniquité, ce nous serait un mystère qu'il se soit jeté à corps perdu dans une telle entreprise. Car enfin, en supposant même qu'Antoine de Hohenzollern fût allé en Espagne, nous n'étions pas absolument contraints de nous suicider pour l'en empêcher. Nous devions protester devant l'Europe; notre honneur l'exigeait; mais notre intérêt nous défendait d'aller plus loin, si nous n'étions pas sûrs de la victoire.

Mais nous avons fait la guerre alors même que le prétexte avait disparu. Pour ne pas compromettre la paix, Antoine de Hohenzollern renonça à la couronne d'Espagne. On dira peut-être que nous nous étions trop avancés pour reculer, que la Prusse le savait bien, et que, nous sachant disposés à guerroyer quand même, elle voulait seulement mettre les torts de notre côté. Cependant, ce qui est certain, c'est que l'Espagne est aux mains d'un prince italien. En tout cas, il ne tenait qu'à Napoléon de déjouer le calcul de la Prusse, en se déclarant satisfait de la renonciation du prince Antoine. Il avait une belle occasion de faire une emphatique proclamation et de se vanter de son influence : « J'ai parlé, pouvait-il dire, et la Prusse a reculé. Telle est, Français, la haute situation que l'empire vous a faite! » Mais on voulait la guerre a tout prix. On exigea du roi de Prusse des engagements qui devaient l'humilier profondément. Il devait promettre que ni demain, ni après-demain, ni jamais il n'autoriserait le prince Antoine de Hohenzollern à régner en Espagne. Guillaume refusa, et Napoléon lui déclara la guerre.

La désiriez-vous, cette guerre, bons habitants de la campagne?

Non, n'est-ce pas? Les députés qui y applaudirent ne la désiraient pas non plus. Mais, anciens candidats officiels, imposés par le pouvoir, ils votèrent de confiance. La confiance fut générale, l'enthousiasme universel. On chantait la *Marseillaise*; on allait à Berlin! On avait si peu de raison de faire la guerre, le prétexte était si frivole, qu'il fallait, pour s'y décider, que le succès fût certain. On se reposait sur la parole du maréchal Le Bœuf.

L'empire est tombé, c'est juste; mais la France aussi a été victime. Elle perd deux de ses plus belles provinces; elle a gémi sur les souffrances de quatre cent mille de ses enfants prisonniers en Allemagne; elle est humiliée, ruinée, et cela sans qu'elle soit autrement coupable que de s'être confiée à Bonaparte; et l'on voudrait qu'elle rappelât cet homme! Ce serait de la folie et de la honte. Si encore il était tombé noblement!

Vous avez beau dire, m'observera peut-être un cultivateur, un marchand, un ouvrier; mais on vivait bien sous l'empire; on plaçait avantageusement ses produits; on avait du travail plus qu'on n'en pouvait faire. Si le vieux est impossible, pourquoi n'aurions-nous pas son fils? Cette famille-là est favorable au pauvre peuple.

Hélas! chers concitoyens, ce que vous regrettez est justement ce qui nous a perdus. Sans entrer ici en de hautes considérations philosophiques, il faut bien reconnaître que la prospérité matérielle était excessive, et que notre luxe, notre sensualisme ont été la principale cause de notre faiblesse. Chez l'individu, l'âme perd de sa force et de sa dignité quand le corps est traité avec trop de mollesse. Il en est de même chez les nations. Les romains dégénérés se souciaient peu de leur antique liberté. Ils demandaient à leurs maîtres *du pain et les jeux du cirque*, et quand ils avaient à manger et à s'amuser, ils obéissaient docilement à des monstres et à des imbéciles. Napoléon III connaissait cette recette : il savait qu'en plongeant la France dans le plaisir, il la faisait esclave. Il n'y a pire malade que celui qui ne sent point son mal. Mon Dieu, est-ce que la France en serait venue là? Non, c'est impossible.

Le pouvoir a mission certainement de favoriser le commerce, l'agriculture, le travail; mais il commet un crime, s'il avilit un peuple pour le rendre plus souple. Toute liberté laissée aux insulteurs de Dieu, la direction supérieure de l'enseignement confiée parfois à des ministres pour qui l'homme n'est que le frère du singe, la débauche favorisée dans les villes et les campagnes, la loi du dimanche violée dans les chantiers de l'Etat, les spéculations véreuses tolérées et encouragées, voilà en abrégé l'empire bonapartiste. Pareille corruption ne pouvait engendrer la grandeur. Mais parlons plus simplement.

Vos affaires ont bien marché; vous vendiez vos denrées à bon prix; vous nagiez en pleine prospérité. Mais, soyez sincères : n'aurait-il pas mieux valu gagner un peu moins et avoir une prospérité durable? Est-il de saine conduite de manger son pain blanc avant son pain bis? Qui veut voyager loin ménage sa monture. Voici un petit fermier qui se fait bâtir un palais, qui place ses enfants dans les premiers établissements d'éducation, et veut que sa table rivalise avec celle du châtelain, du banquier, du notaire. Il aurait pu économiser trois mille francs chaque année; mais il se ruine, il vend son héritage, et voilà que ses enfants sont réduits à louer leurs bras pour gagner le morceau de pain de chaque jour. Ces enfants, je vous le demande, ont-ils lieu de célébrer la conduite de leur père?

Ne rappelons donc pas les Bonaparte. Napoléon Ier a doublé l'étendue de l'empire français. Au bout du compte, il est tombé; aucune de ses conquêtes ne nous est restée, et deux fois il a amené l'étranger sur notre territoire. Napoléon III nous avait enrichis; mais il nous fait perdre beaucoup plus qu'il ne nous a fait gagner; en tombant il laisse la France ruinée, humiliée, démembrée. C'est une prospérité qui finit par nous coûter trop cher.

Au reste, il ne faut pas croire que l'empire pourrait vous la rendre. On ne peut revenir sur le passé. Il faut payer ces huit milliards. Quel que soit le gouvernement, il aura une lourde charge. L'empire se trouverait en face des mêmes difficultés, peut-être en face de plus grandes, ne pouvant plus compter sur la même confiance.

Il n'y a qu'un seul gouvernement qui puisse être véritablement aujourd'hui un gouvernement réparateur. Ce ne sera point un de ces gouvernements de transition et d'aventure, où princes, ministres et fonctionnaires exploitent le pouvoir comme une affaire; ce sera le seul gouvernement dont la destinée est inséparable de celle de la nation, et où le prince n'a point d'autre intérêt que celui de la France, sa véritable famille.

La France, malgré ses écarts, est restée la nation chrétienne par excellence, la fille aînée de l'Eglise. Il est impossible qu'elle subisse encore le joug de celui qui a trahi la cause du Pape.

Vous gémissez, pour la plupart, de la situation faite au Saint-Siége; mais vous ne croyez pas que Napoléon l'ait voulue. Tout au plus admettez-vous que notre intervention en faveur de Victor-Emmanuel a favorisé la révolution italienne.

Rien n'est plus facile néanmoins que de mettre en évidence la volonté perverse de Bonaparte. Si la lumière ne s'est pas faite dans nos campagnes, c'est que l'Eglise n'était pas libre de faire entendre la vérité. On lui refusait le droit de se plaindre.

C'était, de la part de Napoléon, une grande habileté. Il y avait chez lui certains semblants de religion qui imposaient à la foule. Parfois le *Moniteur* annonçait qu'il avait satisfait au devoir pascal. Chaque jour il enregistrait les cadeaux faits aux églises par Leurs Majestés. La foule se laisse prendre aux apparences; mais il faut voir le fond des choses. Et ici tout français sera de notre avis. En France on aime la loyauté, la franchise. Napoléon serait moins odieux, s'il avait pris des moyens moins détournés et moins recouru à l'hypocrisie. Il nous a montré qu'il était disciple de Machiavel, plus italien que français.

A ce propos, jetons un coup-d'œil rapide sur les dates principales de sa vie.

Son premier acte, après la révolution de juillet 1830, fut de prendre les armes contre le pape Grégoire XVI, dans les rangs des insurgés de la Romagne. Ainsi, sa vie active commença par une conspiration; à vingt-deux ans il combattait contre le Saint-Siége, pour la révolution italienne. Est-ce assez significatif?

En 1836, il se présente à Strasbourg, dans le dessein d'y séduire la garnison et de marcher sur Paris. Louis-Philippe, qu'il voulait détrôner, lui accorda sa grâce, ce qui ne l'empêcha de recommencer une tentative semblable, à Boulogne, en 1840. Cette fois, il fut jugé par la cour des pairs et condamné à l'emprisonnement perpétuel au château de Ham. On sait qu'il parvint à s'évader sous un déguisement en 1846. Ces deux affaires ne sont que deux ridicules échauffourées; néanmoins elles révèlent une pensée impie. Pour arriver au pouvoir, Louis Bonaparte n'hésitait pas à troubler la France, qui vivait alors dans une paix profonde, et à déchaîner sur notre pays le fléau de la guerre civile. Est-ce bien beau tout cela?

En 1848, il écrit qu'il ne veut que revendiquer ses droits de citoyen français. Il désavoue tous ceux qui lui prêteraient des intentions ambitieuses. Il se déclare dévoué à l'affermissement de la République.

On le laisse entrer à l'Assemblée.

Bientôt il s'agit d'élire le premier magistrat de la République. Le général Cavaignac, qui avait sauvé la France aux journées de juin, pouvait compter sur le succès; mais Louis Bonaparte savait deux choses : il savait que la France est peu républicaine, et il contraignit le général à faire une déclaration malheureuse; il savait que, dans le péril social, les campagnes se rattachaient à leurs curés, et il adressa au Nonce apostolique une lettre qui affirmait son dévouement au Saint-Siége. Le clergé fut séduit ; le peuple fut entraîné.

Une armée française va faire le siége de Rome et rétablir le Saint-Père. Le président exécutait les volontés de l'Assemblée législative ; mais il a aussi sa politique personnelle. Ce n'est plus celle de la lettre au Nonce ; c'est celle de l'insurgé des Romagnes. Le 18 août 1849, (lettre à Edgard Ney), il brigue la sympathie des rouges en imposant des lois au Pape.

Il avait juré fidélité à la Constitution et promis de maintenir la République ; mais il met tout en œuvre pour rester au pouvoir. On le voit à la fois flatter la démagogie et soulever contre elle les défiances des honnêtes gens. Le 2 décembre 1851, il consomme le parjure. On vit alors ce qui ne s'était jamais vu en France, les lois violées par ceux qui devaient en assurer l'exécution, et l'armée, dont la mission est de sauvegarder l'ordre public, chargée de renverser le gouvernement légal et de faire une révolution. Cet acte profondément immoral n'a pas peu contribué à pervertir la conscience publique. Est-ce bien loyal, bien édifiant ?

Dans les premières années de l'empire, années que l'on a surfaites, la liberté de l'Eglise a subi plusieurs atteintes. Des évêques furent condamnés par le Conseil d'Etat pour n'avoir pas su plaire au Maître. Les chambres étaient muettes, la parole et la presse étaient esclaves ; mais le *Siècle* avait toute latitude pour insulter à nos croyances.

En 1856, on veut que Pie IX soit le parrain du prince impérial ; mais, au traité de Paris, on permet au comte de Cavour de *poser la question italienne*, c'est-à-dire de dénoncer au monde le gouvernement paternel de Pie IX.

En 1859, on rassure les évêques justement effrayés ; on leur affirme que le pouvoir temporel du Pape ne court aucun danger. Puis, quand les Etats de l'Eglise sont démembrés, on persécute les évêques qui se plaignent. En septembre 1860, quand Cialdini viole la frontière pontificale, il a la permission de l'empereur. Napoléon a dit à Cavour : « Faites vite.... » C'est-à-dire : ayez fini avant qu'on puisse vous dénoncer, afin que je n'aie pas le temps de vous empêcher. Cependant il faut sauvegarder les apparences, et l'on fait semblant de blâmer Victor-Emmanuel. En 1867, lors de l'invasion garibaldienne, les zouaves pontificaux résistent trop longtemps. Napoléon envoie une flotte au secours du Pape, mais de façon à ce qu'elle n'arrive pas. On ordonne et l'on diffère le départ. Néanmoins les espérances de Napoléon ont été trompées ; malgré trop de délais, nos soldats sont arrivés juste à temps. Les garibaldiens n'ont pas pu « faire vite. »

La victoire de Mentana a prolongé l'existence du gouvernement pontifical. Cette affaire de Rome a bien embarrassé Bonaparte. Il avait beau persécuter la presse catholique, ameuter contre les cardinaux la presse officieuse et laisser libre carrière aux journaux de la révolution; il avait beau nous imposer ses députés officiels et refuser son patronage aux candidats catholiques, la France est restée si foncièrement catholique, qu'il se voyait forcé de déclarer, par l'organe de M. Rouher, que *jamais* l'Italie n'entrerait à Rome; mais ce qu'on ne devait *jamais* laisser faire, on l'a provoqué, en s'y prenant, toutefois, de telle manière qu'on pût en décliner la responsabilité. Nous n'avions que quelques soldats à Rome au commencement de la dernière guerre; pour les retirer et livrer le Saint-Siège à l'Italie, l'occasion était favorable : nous avions besoin de tout notre monde et le Corps législatif était renvoyé. Misérable excuse, mais excuse toute prête, et pas de protestation à craindre. Le jour même où eut lieu l'évacuation de Rome, nos désastres commencèrent... Les ennemis de l'Eglise et du Christ sont toujours châtiés.

Il ne m'est pas possible de faire ici toute l'histoire du dernier empire. Mais on en a lu assez pour être persuadé que l'homme de Sedan a démoralisé la France et trahi l'Eglise. S'il a fait des dupes parmi les honnêtes gens, c'est que son système de persécution n'avait même pas le mérite de la franchise. Napoléon III était un persécuteur hypocrite, à la façon de l'empereur Julien.

N'avions-nous pas raison de dire, en abordant ce chapitre, qu'un honnête homme ne saurait être bonapartiste? Napoléon s'était si bien masqué que nos bons paysans ne le connaissaient pas. Nous croyons avoir déchiré les voiles.

I V

Que nous faut-il ?

Est-ce Henri V?

Oui.

Autant la France s'avilirait devant l'Europe, autant elle ferait les affaires de M. de Bismarck et du roi de Prusse en rappelant l'homme du 2 décembre et de Sedan, autant elle se relèverait devant le monde, autant elle confondrait les calculs de ses ennemis en plaçant à sa tête le noble héritier de ses vieux rois.

Il n'y a pas de famille au monde qui soit au-dessus de la Maison de France. L'Autriche est fière de ses Hapsbourg : les Bourbons sont plus grands.

Avec Henri V, malgré nos revers inouis, nous remontons d'un bond au premier rang. Les potentats superbes de Russie et d'Angleterre, le nouveau César d'Allemagne s'inclineront devant le fils de Louis XIV, de Henri IV, de saint Louis, de Robert le Fort!

Au neuvième siècle, les rois carlovingiens étant devenus incapables de se faire respecter, Robert le Fort, comte d'Anjou, le chef de la troisième race de nos rois, se constitua le protecteur du pauvre peuple et du clergé. Il prit aussi sur lui de défendre contre l'étranger le territoire national. « Bien souvent, dit un historien, il battit les Normands, qu'il harcelait partout; il finit par succomber en héros. Il avait forcé quatre cents normands de s'enfermer dans l'église de Brissarthe (près de Segré, Maine-et-Loire); respectant la sainteté du lieu, il attendait que la faim lui livrât ses ennemis. La nuit venue, il s'était désarmé, il dormait. Les Normands sortirent, et Robert surpris fut massacré après une généreuse défense (866). »

Voilà donc plus de mille ans que les ducs de France et les comtes de Paris, les aïeux de Henri V, honoraient et sauvaient le pays. Robert d'Orléans, le frère de Mgr le comte de Paris, a ressuscité naguère, pour se battre au milieu de nos soldats, sur les bords de la Loire, le nom glorieux de Robert le Fort. Son Altesse Royale Mgr le duc de Chartres s'est montré par son courage le digne descendant de ce héros.

Quelle nation ne se glorifierait de montrer au monde une telle famille et de tels princes !

C'est bien là la Maison de France! il n'y a pas de la Manche à la Méditerranée, ni des Alpes à l'Océan, de famille qui date d'aussi loin. Henri V est le premier des Français.

C'est bien là la Maison de France! Le premier de cette famille qui ait ceint définitivement la couronne, Hugues-Capet, possédait l'Ile-de-France; et le domaine royal s'est successivement étendu, ville par ville, province par province. Ce sont nos rois de la troisième race qui ont fait la France. Qui donc aurait la prétention de se comparer au petit-fils de Charles X, qu'une révolution renversa au moment où il nous donnait Alger?

Henri V est le Fils de France; il appartient à la France; il nous appartient. Il peut désirer vivre tranquille, loin des soucis et des embarras du gouvernement; mais il n'a pas le droit d'abdiquer les devoirs que sa naissance lui impose, tandis que nous, nous avons le droit d'exiger qu'il nous serve et qu'il nous sauve, si rude que cette mission puisse être.

Il semble, d'ailleurs, que Dieu l'ait marqué d'un signe particulier de prédestination.

Quand il naquit, la famille royale n'avait pas d'héritier direct. Le 13 février 1820, un assassin soudoyé par la révolution avait frappé le duc de Berry; mais la duchesse était enceinte, et, le 29 septembre, fête de saint Michel Archange, patron de la France, elle mettait au monde un fils que le roi Louis XVIII montra du haut du balcon des Tuileries à une foule immense et enthousiaste : « Mes amis, dit le vieux monarque, votre joie centuple la mienne : le Ciel nous a donné un fils... Oui, mes amis, c'est un fils pour nous tous. Cet enfant sera un jour votre père; il vous aimera comme je vous aime, comme tous les miens vous aiment... Oui, nous ne faisons tous qu'une même famille; vous êtes tous mes enfants... » Et la foule se mit à genoux, et le roi étendit ses mains comme pour la bénir et l'embrasser. Les prières des bons français étaient exaucées.... L'enfant fut nommé Henri-Charles-Ferdinand-Marie-Dieudonné d'Artois, duc de Bordeaux. Plus tard, dans l'exil, il prit le titre de comte de Chambord, souvenir de la souscription nationale de 1821.

Sans négliger de maintenir ses droits, soit à la mort de son oncle le duc d'Angoulême, soit à l'époque du rétablissement de l'Empire, jamais il ne s'est permis la moindre démarche qui pût être une cause de trouble ou d'agitation pour le pays. Les partis contraires ont rendu hommage à son caractère et à la noblesse de son attitude. On peut écrire et parler contre la royauté; mais nul ne pourrait reprocher quoi que ce soit au prince qui la personnifie.

Ses lettres, qui ont été publiées, prouvent qu'il a profondément étudié toutes les questions de l'ordre politique, économique et social, et que rien ne lui est étranger de ce qui intéresse l'état moral et matériel des peuples. Il connaît les besoins particuliers du temps présent. Les vues qu'il a émises sont la meilleure réfutation des calomnies avec lesquelles la révolution et la mauvaise foi poursuivent l'opinion royaliste; il n'est ni absolutiste, ni rétrograde. Il est chrétien comme ses pères, mais sans partager leurs préjugés. Le Pape sait que sa foi est sans réserve; l'Eglise de France sait qu'il n'imposera point d'entraves à la liberté de son action; les politiques savent qu'il abhorre le césarisme et qu'il demande le contrôle de députés librement élus; tous les hommes sincères reconnaissent qu'il s'est toujours déclaré l'ennemi des priviléges ; enfin, les bonapartistes et les républicains, que leur rôle force à l'attaquer, ne peuvent articuler aucun grief contre lui, et se trouvent forcés de recourir à la calomnie et à l'injure.

Marié, le 16 novembre 1846, à Marie-Thérèse-Béatrix, princesse de Modène, née le 14 juillet 1817, il n'a point d'enfant. Cette privation est sans doute pour lui et sa pieuse compagne une grande douleur. Il y faut voir cependant un dessein particulier de la divine miséricorde. La Maison de France est maintenant réunie ; les princes d'Orléans apportent à leur chef une immense force, l'adhésion d'une grande partie de la classe moyenne, bourgeois, gens de négoce et cultivateurs, et Monsieur le comte de Chambord leur donnera en retour l'appoint non moins puissant de l'autorité morale que confère le droit héréditaire. Puissent les honnêtes gens des autres partis ne point tarder à se joindre à ce faisceau : ce n'est point trop de toutes les activités sociales pour s'opposer aux révolutionnaires.

En 1814, les tranquilles populations de nos campagnes acclamèrent avec transport le retour de Louis XVIII. Pas un homme honnête n'aurait songé à se défier du roi ; on ne voyait contre lui que les hommes de 1793, les dénicheurs de saints et les pourvoyeurs de la guillotine ; alors la famille des Bourbons était l'objet d'un culte universel. La mort de Louis XVI, celle de Marie-Antoinette et de Madame Elisabeth, la cruelle agonie de Louis XVII, les souffrances de Madame Royale se redisaient chaque hiver dans les familles chrétiennes, et ces récits entretenaient l'amour et la vénération. De longues années se sont écoulées depuis cette époque ; le temps a fini par effacer ces pieux souvenirs dans la pensée populaire. On conçoit donc que les masses connaissent peu Henri V. Mais ce qui a lieu de surprendre, c'est que de très-honnêtes gens paraissent redouter son retour. Tertullien parle quelque part des âmes naturellement chrétiennes ; je veux parler ici de personnes naturellement royalistes. J'ai rencontré vingt fois de braves paysans qui détestent la révolution, repoussent la république, ne veulent point de mal à leur curé et seraient très-affligés de voir persécuter l'Eglise. Penser ainsi, c'est être royaliste ; et cependant, ils redoutent Henri V. Quelques-uns, beaucoup peut-être, appellent Bonaparte : pauvres gens, plus à plaindre qu'à blâmer, qui ne voient pas où est le salut, et qui s'imaginent trouver le port là où la société est assurée de périr ! sans le savoir, ils se laissent peu à peu pénétrer des préjugés de l'esprit révolutionnaire propagés par le bonapartisme ans un intérêt facile à comprendre. Il faut qu'ils le sachent : la lutte est aujourd'hui plus que jamais entre le bien et le mal, entre la société et le désordre, entre Dieu et satan. Pourquoi l'enfer s'acharne-t-il aujourd'hui contre la royauté? C'est parce que le nom de Henri V signifie la paix, la sécurité, l'ordre, la religion, en un mot tout ce qui contrarie l'enfer. Bons habitants de la campagne, prenez-garde de servir la cause de vos plus dangereux ennemis. On vous excite contre les nobles et les curés : quand le château sera brûlé et que l'église sera fermée, croyez-vous que vos fermes et vos chaumières seront en sûreté? Quant à la religion, elle peut souffrir, mais elle a les promesses du Ciel et elle survivra à ses persécuteurs. Toutefois, c'est un signe effrayant que vous flattiez la révolution que vous devez craindre, et que vous redoutiez l'Eglise, la royauté, la noblesse, dont vous avez tout à espérer. Les désastres qui ont marqué la chute de l'Empire, les horreurs qui ont eu lieu à Paris auraient dû, ce semble, ouvrir les yeux aux plus aveugles; il n'en est rien. On a peur de Henri V, que nous devrions tous aller chercher. Je crains fort que nous ne soyons pas au terme de nos épreuves.

Henri V, dit-on, sera le roi des nobles et des prêtres!

Est-ce sérieux? Cela n'a pas de sens, ou bien cela veut dire que Henri V rétablira la hiérarchie qui existait avant 1789, et divisera la France en trois classes, le clergé, la noblesse et le tiers-état. Il n'y a rien à répondre à cette calomnie, par la raison qu'elle n'a pas le sens commun. Henri V n'a pas la prétention de faire marcher le monde à reculons; il le voudrait qu'il ne le pourrait pas. Bonnes gens de la campagne, vous êtes dupes de menées perfides; les révolutionnaires qui vous inspirent ces sottes terreurs ne croient pas un mot de ce qu'ils disent.

A ce propos, voulez-vous un petit mot d'histoire? Vous craignez que le roi de France ne soit le roi des nobles? Ce que je vais vous dire va vous surprendre ; c'est pourtant l'exacte vérité. Les rois de France, au lieu de favoriser la noblesse aux dépens du peuple, ont constamment favorisé le peuple contre lès priviléges. Il y a eu un temps où la France était au pouvoir d'un certain nombre de familles nobles : c'était l'époque de la féodalité. Ce système a eu du bon, il a été nécessaire pour un temps; mais ne nous arrêtons pas à cela.

Quand Hugues-Capet monta sur le trône, en 987, son avènement marquait le triomphe de la féodalité. Le roi était un noble comme un autre. Hugues-Capet étant le plus puissant, prit le titre de roi. Dès lors, la royauté, pour se fortifier contre les seigneurs, s'appuya sur le peuple. Ce sont les rois qui ont appelé le peuple à la liberté et ont créé les communes. Il en fut ainsi jusqu'au xvıı^e siècle. A cette époque, la noblesse, bien que formant encore une classe privilégiée, avait perdu son pouvoir; on a même pu se demander si l'on avait eu raison de tant l'abaisser. Elle ne portait plus ombrage au trône; mais aussi elle fut impuissante à le sauver sous Louis XVI. Quoiqu'il en soit, il n'y a plus de classes en France ; il ne peut plus y en avoir. Henri V serait donc le roi de tout le monde, le roi de France, sans acception ni exception de personnes.

Veut-on dire qu'avec Henri V les nobles et les curés seront dispensés des charges publiques, exemptés d'obéir aux lois, de payer l'impôt, et que leurs délits et leurs crimes resteront sans châtiment? Mais il n'est pas possible que l'on fasse sérieusement de pareilles suppositions.

Veut-on dire que Henri V donnera les plus belles places aux nobles ? Quand cela serait, que nous importe ? que notre député ou notre préfet soit un bourgeois comme M. Jourdain, ou qu'il s'appelle M. le marquis de la Tour-Saint-Marcel, qu'est-ce que cela nous fait, à vous et à moi, qui ne songeons pas à être préfets ni députés? En général, les nobles de familles anciennes ont gagné leur titre au service de la patrie, sur les champs de bataille ou dans la magistrature ; les fils ont aimé à marcher sur les traces de leurs pères; c'est là une légitime ambition, et c'est la patrie qui y gagne. Quand le roi aurait de la reconnaissance pour les services rendus, je n'y vois guère matière à critiquer. Je suppose qu'après nos désastres Henri V confie un certain nombre de fonctions à de riches propriétaires qui renonceraient à tout traitement dans l'intérêt du trésor public, qui donc y trouverait à redire? Mais il n'y a rien à craindre ; même avec Henri V, le mérite saura se faire jour. Beaucoup parmi nous ont vu le règne de Louis XVIII et celui de Charles X : est-ce que les nobles étaient privilégiés? Même sous Louis XIV, les hommes du peuple arrivaient au premier rang. Henri V serait le roi des nobles! Pourquoi n'appeliez-vous point Napoléon III l'empereur des nobles? il n'en manquait pas au Sénat, au Corps Législatif, aux ministères, ni dans l'administration. Oui, l'empire qui vient de tomber, s'empressait d'offrir les plus hautes dignités aux membres de la noblesse qui, ambitieux ou ruinés, consentaient à lui faire la cour.

On vous fait redouter le règne des curés! singulière terreur, en vérité. Quand le roi de France appellerait les cardinaux à la chambre des Pairs, il ne ferait que suivre l'exemple de l'empire qui les faisait siéger au Sénat, avec les amiraux et les maréchaux. Quel mal y a-t-il à cela, et quel risque pour vos intérêts ou votre liberté ?

Quant à faire du clergé un corps politique, cela n'est plus possible après la révolution de 1789; au surplus, le clergé serait le premier à s'y refuser.

Est-ce qu'Henri V ne rétablirait pas la dîme? Ah! la dîme! Quel épouvantail, n'est-il pas vrai? Eh bien! si l'on pouvait faire revenir sur cette terre un cultivateur mort il y a cent ans, et qu'il pût comparer devant vous ce qu'il payait et ce que vous payez surtout depuis vingt ans, je suis persuadé que vous seriez bien surpris. Sous Louis XVIII et sous Charles X, les impôts étaient modérés; ils se sont bien élevés depuis quarante ans, et ils remplacent bien les charges qui pesaient sur nos pères. Quoiqu'il en soit, le système ancien nous est antipathique, il n'est plus dans nos mœurs; mais tranquillisez-vous, on ne rétablira pas la dîme. Le clergé protesterait universellement; il aime bien mieux recevoir son petit traitement des mains du percepteur que des produits en nature, fûssent-ils de double valeur.

Non, ce n'est pas cela, dites-vous, la dîme est impossible; mais on craint l'influence prépondérante du clergé. — Vous devriez, tout au contraire, désirer que le clergé soit écouté. Le clergé apprend à vos enfants à vous respecter et à vous obéir; il empêche vos voisins de vous ravir votre bien; il prend soin de votre honneur et de votre santé en vous invitant à mener une conduite régulière; il va frapper à la porte du riche pour solliciter des secours en faveur de vos pauvres et de vos malades. Que de bien ne vous procure-t-il pas? Et quel mal vous fait-il? Vos prêtres sont sortis de vos rangs; enfants du peuple, ils aiment profondément le peuple, et c'est pour servir le peuple qu'ils ont renoncé aux joies de la famille, aux honneurs du monde et aux richesses de la terre. Ce sont vos meilleurs amis.... et vous craignez leur influence! Sachez-le, si ce n'est pas l'Eglise qui est écoutée, [ce sera le club ou le cabaret. Quand la religion perd de son autorité, ce n'est ni l'ordre ni la morale qui en bénéficient. Certes, Henri V serait le bienvenu et il faudrait le bénir s'il avait le crédit de relever la dignité humaine par la religion.

Hommes du peuple, honnêtes gens, non, vous ne devez pas redouter l'influence du clergé, mais bien plutôt gémir qu'il ne soit pas assez écouté. Ici encore vous êtes les instruments du parti de la révolution. Les hommes de désordre savent bien qu'on ne les forcera point d'aller à la messe; pour eux-mêmes ils ne craignent point le prêtre; mais ils savent que le prêtre ne prêche point la révolte, ni la désobéissance aux lois; ils savent que, partout où le prêtre est respecté, ils n'ont rien à espérer, et c'est pour cela qu'ils prennent à tâche de le déconsidérer et de le rendre suspect.

Henri V ne sera point le roi des nobles et des curés, mais le roi de France, c'est-à-dire le roi de tout le monde.

Avec lui, la confiance renaîtra; seul il peut, parce que seul il est une solution définitive, relever le commerce, faire fleurir l'agriculture et assurer du travail aux ouvriers.

Le principe de l'égalité sera maintenu et garanti.

Le gouvernement de Henri V est de tous celui qui coûtera le moins à la France. Pourquoi? parce que la royauté de France est une institution permanente. Henri V n'aura pas, comme les gouvernements de hasard, à faire sa fortune et la fortune de ses serviteurs.

Henri V, c'est l'histoire de France qui se continue; c'est la révolution, qui dure depuis quatre-vingt-deux ans, enfin domptée. C'est la fin de ces renouvellements périodiques qui affligent les honnêtes gens.

Vous voulez un gouvernement stable? N'appelez pas un pouvoir d'aventure. Vous voulez une royauté permanente? Appelez le roi de France, celui qui représente seul chez nous le principe de l'hérédité monarchique.

Bientôt, nous l'espérons, tous les hommes d'ordre n'auront en France qu'un cri de ralliement :

VIVE LE ROI!

Recommandation importante aux électeurs amis de l'ordre. — On colporte des pétitions pour demander à l'Assemblée de se dissoudre et de convoquer une Constituante. Ne vous laissez pas séduire; on veut par ces intrigues assurer le triomphe de la république rouge. Il suffit de savoir que le citoyen Gambetta est le promoteur de ce mouvement.

MAISON DE FRANCE

FAMILLE DE BOURBON, DESCENDANT DE HENRI IV

Branche aînée, descendant de Louis XIV.

HENRI-CHARLES-FERDINAND-MARIE-DIEUDONNÉ d'Artois, Fils de France, duc de Bordeaux (en exil comte de Chambord), né à Paris le 29 septembre 1820; fils de feu CHARLES-FERDINAND D'ARTOIS, Fils de France, DUC DE BERRY et de feue MARIE-CAROLINE-FERDINANDE-LOUISE de Bourbon-Anjou, princesse des Deux-Siciles ;

Marié le 16 novembre 1846 à MARIE-THÉRÈSE-BÉATRIX, pr.ncesse de Modène, née le 14 juillet 1817.

***

Branche cadette, dite d'ORLÉANS, descendant de MONSIEUR, duc d'Orléans, frère puiné de Louis XIV.

LOUIS-PHILIPPE-ALBERT de Bourbon-Orléans, COMTE DE PARIS, héritier présomptif, né le 24 août 1836, fils aîné du duc d'Orléans ;

ROBERT-PHILIPPE-LOUIS-EUGÈNE-FERDINAND de Bourbon-Orléans, DUC DE CHARTRES, né le 9 novembre 1840, frère puiné du comte de Paris;

LOUIS-CHARLES-PHILIPPE-RAPHAEL de Bourbon-Orléans, DUC DE NEMOURS, né le 25 octobre 1814, oncle du comte de Paris;

FRANÇOIS-FERDINAND-PHILIPPE-LOUIS-MARIE de Bourbon-Orléans, PRINCE DE JOINVILLE, né le 14 août 1818, oncle du comte de Paris;

HENRI-EUGÈNE-PHILIPPE-LOUIS de Bourbon-Orléans, DUC D'AUMALE, né le 16 janvier 1822;

ANTOINE-MARIE-PHILIPPE-LOUIS de Bourbon-Orléans, DUC DE MONTPENSIER, né le 30 juillet 1824.